Schlauchfiguren

Übungsbuch für TMS und EMS

8 Aufgabengruppen

2. vollständig überarbeitete Auflage

erimed.

Tim Wiegand · Leon Froschauer · Constantin Lutz

erimed Verlag – Froschauer, Lutz, Wiegand GbR

1. Auflage Oktober 2019
2. vollständig überarbeitete Auflage Oktober 2020

Umschlag: Julia Bajohr

Inhalt

Vorwort

Hinter dem Angebot von erimed steht ein Start-up von Studenten der Medizin und der Betriebswirtschaften sowie ein unterstützender Beirat verschiedener Expert*innen. Unser Ziel ist es, mit unserem facettenreichen Angebot zum TMS und EMS Medizin-Interessierten zu ihrem Traumstudium an der gewünschten Universität zu verhelfen. Diesem Ziel versuchen wir durch unser großes Engagement bei der Erstellung unserer Vorbereitungsmaterialien gerecht zu werden.

Allgemeines

Dieses Aufgabenheft beinhaltet Übungsaufgaben zum Untertest „Schlauchfiguren" für den TMS 2021 in Deutschland und den EMS 2021 in der Schweiz. Insgesamt 192 originalgetreue Übungsaufgaben in Form von 8 kompletten Simulationen können in diesem Aufgabenheft bearbeitet werden.

Aufbau und Bearbeitung

Die Aufgabengruppe „Schlauchfiguren" ist ein Teilbereich des TMS/EMS, der sich sehr gut üben lässt. Hierbei wird in erster Linie räumliches Vorstellungsvermögen abgeprüft.

Für „Schlauchfiguren" hast Du im TMS 15 Minuten Zeit, um 24 Aufgaben zu lösen. Im EMS hast Du 12 Minuten Bearbeitungszeit für insgesamt 20 Aufgaben. Bei jeder Aufgabe sind die Antwortmöglichkeiten A, B, C, D und E gegeben, von denen jeweils immer nur eine Antwort korrekt ist. Da für falsche Antworten keine Punkte abgezogen werden, solltest Du immer eine Antwortmöglichkeit ankreuzen – auch, wenn Du Dir unsicher bist.

Bei jeder Aufgabe wird Dir auf der linken Seite ein Ausgangsbild mit einem oder mehreren Kabeln, Seilen oder anderen vergleichbaren Strukturen in einem durchsichtigen Würfel gezeigt. Dieses Bild zeigt stets die Vorderansicht. Das zweite Bild rechts daneben zeigt die gleiche Schlauchfigur wie das Ausgangsbild – allerdings aus einer anderen Ansicht. Dies kann von rechts, links, unten, oben oder hinten sein. Du sollst herausfinden, ob das zweite Bild den Würfel von rechts (r), links (l), unten (u), oben (o) oder hinten (h) zeigt.

Für die Beantwortung der Aufgaben, ist es nützlich, einen Fokus auf markante Strukturen zu legen. Das könnte beispielsweise das Ende einer Schlauchfigur, ein Knoten in einer Schlauchfigur oder auch ein auffälliger Schatten sein. Nun sollte man sich das Ausgangsbild aus den jeweils anderen Ansichten vorstellen, um die richtige Lösung zu finden.

In unserem Kursbuch wird noch tiefer auf die Bearbeitungsstrategien der jeweiligen Aufgabentypen sowie den TMS und EMS im Allgemeinen eingegangen. Für ein umfangreiches Verständnis lohnt es sich, unser Kursbuch genau durchzulesen.

Hinweise

Als Start-up sind wir besonders auf das stetige **Feedback** unserer Kunden angewiesen. Daher würden wir uns sehr über Deine Anregungen, Hinweise zu Verbesserungsmöglichkeiten, Kritik oder auch Korrekturen freuen, falls Du einen Fehler finden solltest. Sende uns hierfür einfach eine Mail an ***info@tms-erimed.de***.

Regelmäßigen Medizin-Content und Updates zu unseren Produkten, findest Du auf unserem **Instagram-Account** ***erimed_medizinertest***.

Wir wünschen Dir viel Spaß bei der Bearbeitung der Aufgaben, hohe Resilienz, langes Durchhaltevermögen und natürlich viel Erfolg beim Test!

Wenn Du der Meinung bist, dass Dir dieses Heft bei der Vorbereitung auf den TMS in Deutschland oder den EMS in der Schweiz geholfen hat, würden wir uns sehr über eine **positive Bewertung** auf **Amazon** freuen! Auch unsere App kann im **Apple App Store** oder **Google Play Store** bewertet werden. Vielen Dank für Deine Hilfe!

Aufgabengruppe 1

Jede Aufgabe besteht aus zwei Abbildungen eines durchsichtigen Würfels samt Inhalt. Die erste Abbildung (links) zeigt den Würfel stets von vorne. Sie sollen herausfinden, aus welcher Perspektive (rechts: r, links: l, unten: u, oben: o, hinten: h) der Würfel im zweiten Bild gezeigt wird. (15 min.)

Aufgabe Nr. 1

(A) : r
(B) : l
(C) : u
(D) : o
(E) : h

Aufgabe Nr. 2

(A) : r
(B) : l
(C) : u
(D) : o
(E) : h

Aufgabe Nr. 3

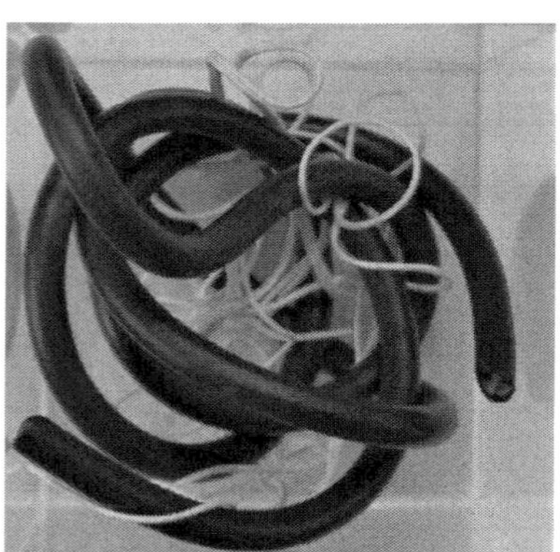

(A) : r
(B) : l
(C) : u
(D) : o
(E) : h

Aufgabe Nr. 4

(A) : r
(B) : l
(C) : u
(D) : o
(E) : h

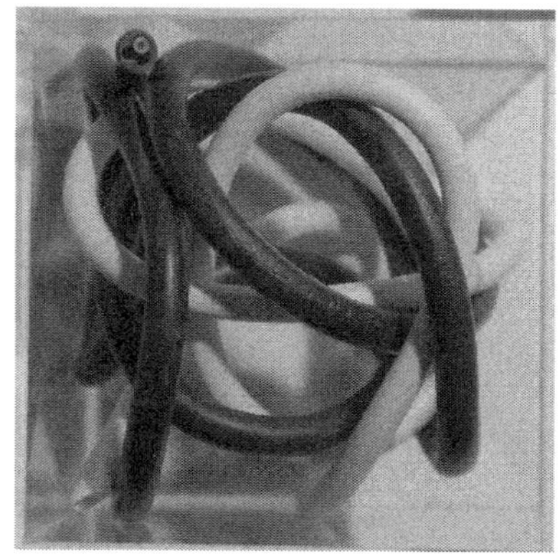

Aufgabe Nr. 5

(A) : r
(B) : l
(C) : u
(D) : o
(E) : h

Aufgabe Nr. 6

(A) : r
(B) : l
(C) : u
(D) : o
(E) : h

Aufgabe Nr. 7

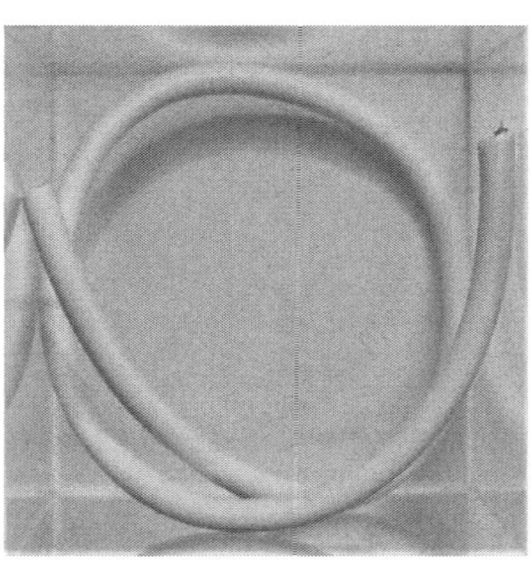

(A) : r
(B) : l
(C) : u
(D) : o
(E) : h

Aufgabe Nr. 8

(A) : r
(B) : l
(C) : u
(D) : o
(E) : h

Aufgabe Nr. 9

(A) : r
(B) : l
(C) : u
(D) : o
(E) : h

Aufgabe Nr. 10

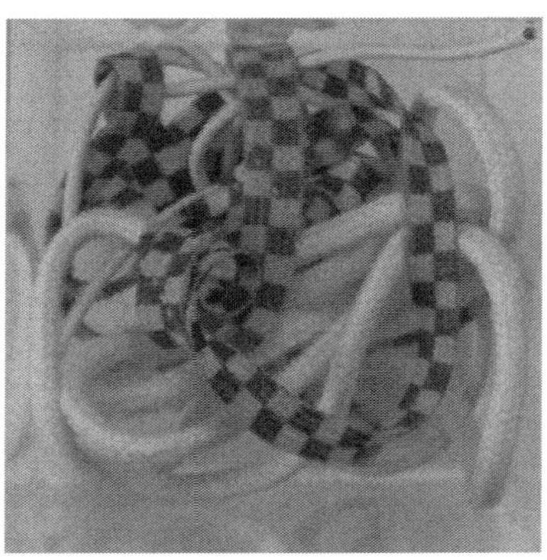

(A) : r
(B) : l
(C) : u
(D) : o
(E) : h

Aufgabe Nr. 11

(A) : r
(B) : l
(C) : u
(D) : o
(E) : h

Aufgabe Nr. 12

(A) : r
(B) : l
(C) : u
(D) : o
(E) : h

Aufgabe Nr. 13

(A) : r
(B) : l
(C) : u
(D) : o
(E) : h

Aufgabe Nr. 14

(A) : r
(B) : l
(C) : u
(D) : o
(E) : h

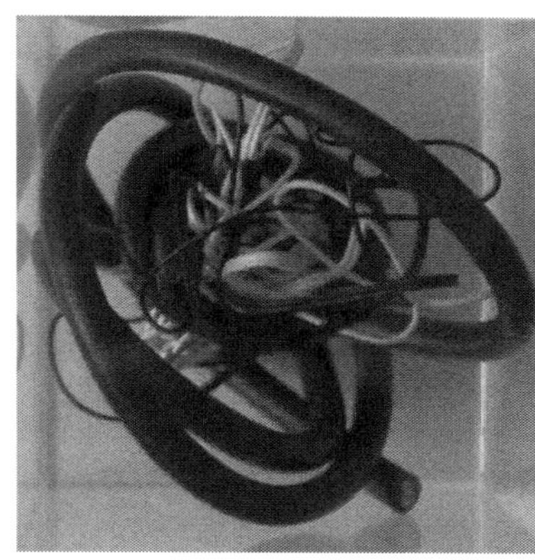

Aufgabe Nr. 15

(A) : r
(B) : l
(C) : u
(D) : o
(E) : h

Aufgabe Nr. 16

(A) : r
(B) : l
(C) : u
(D) : o
(E) : h

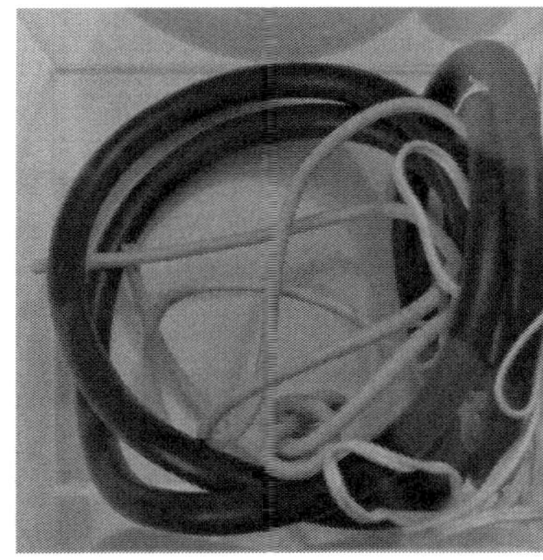

Aufgabe Nr. 17

(A) : r
(B) : l
(C) : u
(D) : o
(E) : h

Aufgabe Nr. 18

(A) : r
(B) : l
(C) : u
(D) : o
(E) : h

Aufgabe Nr. 19

(A) : r
(B) : l
(C) : u
(D) : o
(E) : h

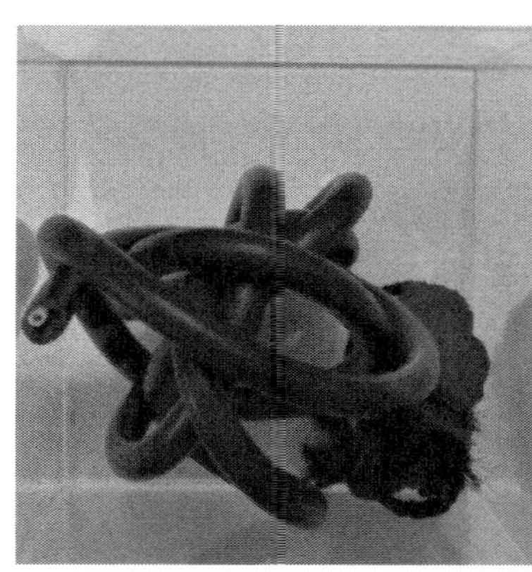

Aufgabe Nr. 20

(A) : r
(B) : l
(C) : u
(D) : o
(E) : h

Aufgabe Nr. 21

(A) : r
(B) : l
(C) : u
(D) : o
(E) : h

Aufgabe Nr. 22

(A) : r
(B) : l
(C) : u
(D) : o
(E) : h

Aufgabe Nr. 23

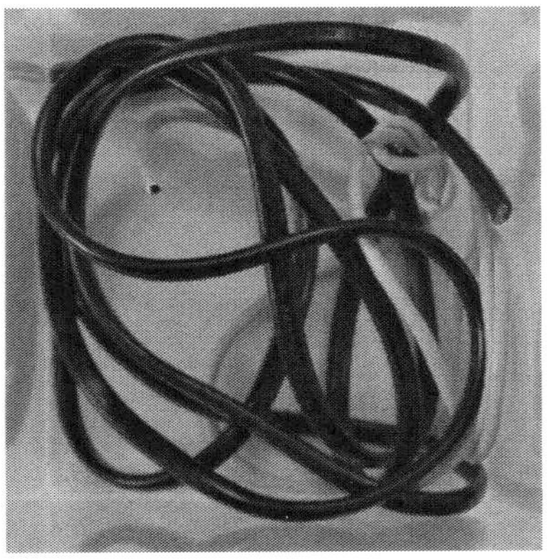

(A) : r
(B) : l
(C) : u
(D) : o
(E) : h

Aufgabe Nr. 24

(A) : r
(B) : l
(C) : u
(D) : o
(E) : h

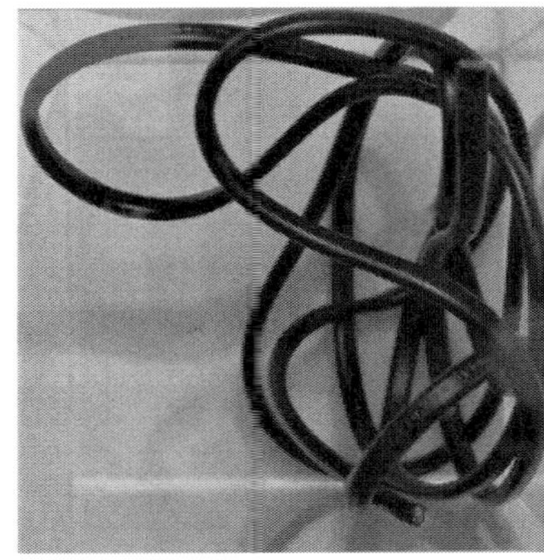

Aufgabengruppe 2

Jede Aufgabe besteht aus zwei Abbildungen eines durchsichtigen Würfels samt Inhalt. Die erste Abbildung (links) zeigt den Würfel stets von vorne. Sie sollen herausfinden, aus welcher Perspektive (rechts: r, links: l, unten: u, oben: o, hinten: h) der Würfel im zweiten Bild gezeigt wird. (15 min.)

Aufgabe Nr. 1

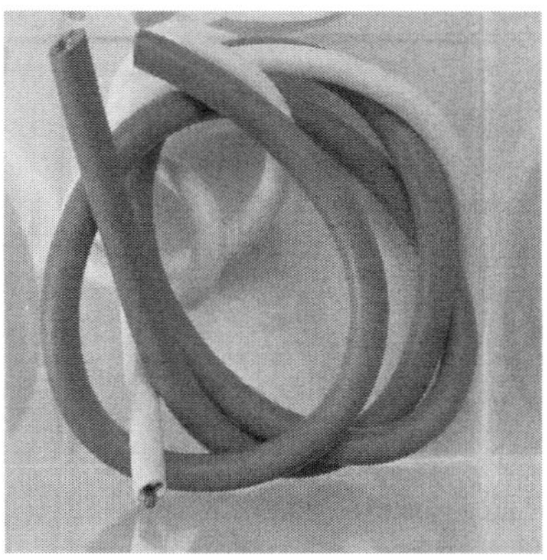

(A) : r
(B) : l
(C) : u
(D) : o
(E) : h

Aufgabe Nr. 2

(A) : r
(B) : l
(C) : u
(D) : o
(E) : h

Aufgabe Nr. 3

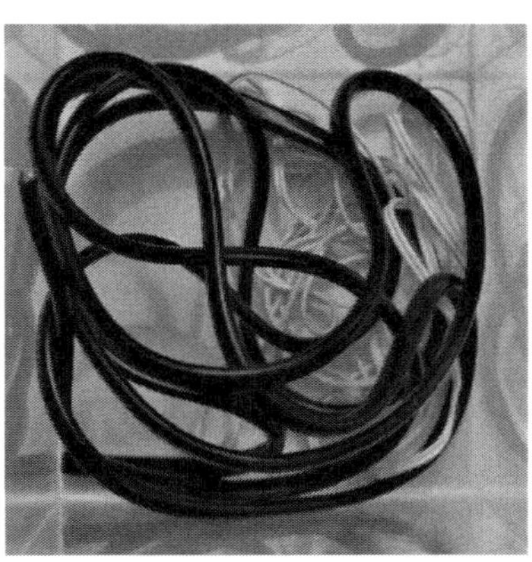

(A) : r
(B) : l
(C) : u
(D) : o
(E) : h

Aufgabe Nr. 4

(A) : r
(B) : l
(C) : u
(D) : o
(E) : h

Aufgabe Nr. 5

(A) : r
(B) : l
(C) : u
(D) : o
(E) : h

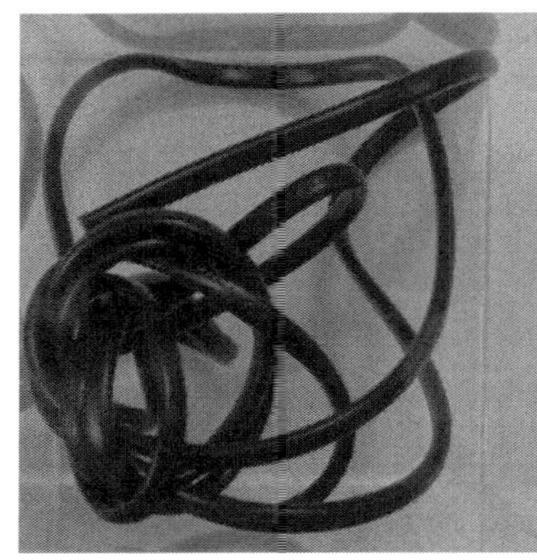

Aufgabe Nr. 6

(A) : r
(B) : l
(C) : u
(D) : o
(E) : h

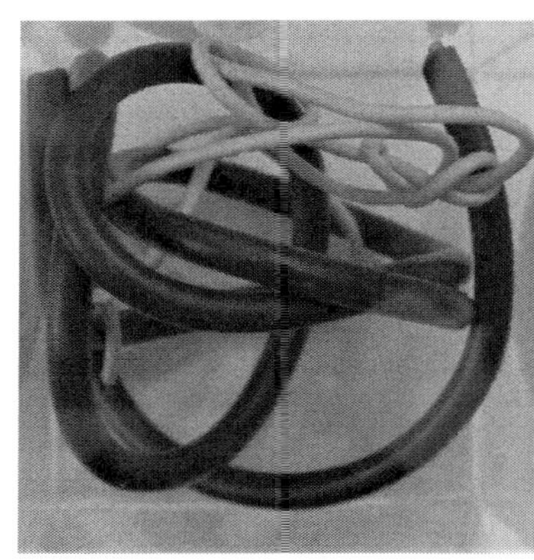

Aufgabe Nr. 7

(A) : r
(B) : l
(C) : u
(D) : o
(E) : h

Aufgabe Nr. 8

(A) : r
(B) : l
(C) : u
(D) : o
(E) : h

Aufgabe Nr. 9

(A) : r
(B) : l
(C) : u
(D) : o
(E) : h

Aufgabe Nr. 10

(A) : r
(B) : l
(C) : u
(D) : o
(E) : h

Aufgabe Nr. 11

(A) : r
(B) : l
(C) : u
(D) : o
(E) : h

Aufgabe Nr. 12

(A) : r
(B) : l
(C) : u
(D) : o
(E) : h

Aufgabe Nr. 13

(A) : r
(B) : l
(C) : u
(D) : o
(E) : h

Aufgabe Nr. 14

(A) : r
(B) : l
(C) : u
(D) : o
(E) : h

Aufgabe Nr. 15

(A) : r
(B) : l
(C) : u
(D) : o
(E) : h

Aufgabe Nr. 16

(A) : r
(B) : l
(C) : u
(D) : o
(E) : h

Aufgabe Nr. 17

(A) : r
(B) : l
(C) : u
(D) : o
(E) : h

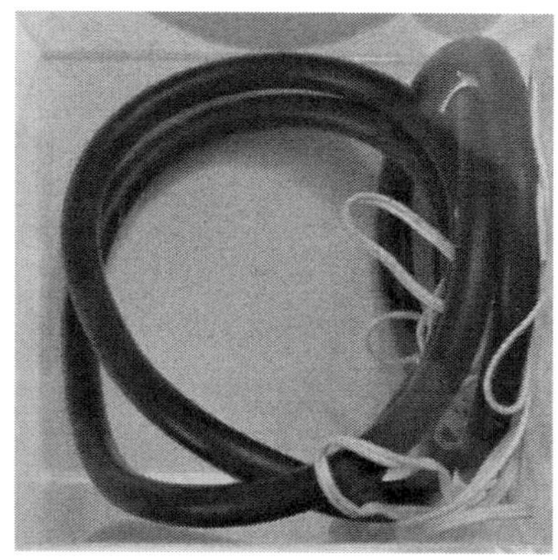

Aufgabe Nr. 18

(A) : r
(B) : l
(C) : u
(D) : o
(E) : h

Aufgabe Nr. 19

(A) : r
(B) : l
(C) : u
(D) : o
(E) : h

Aufgabe Nr. 20

(A) : r
(B) : l
(C) : u
(D) : o
(E) : h

Aufgabe Nr. 21

(A) : r
(B) : l
(C) : u
(D) : o
(E) : h

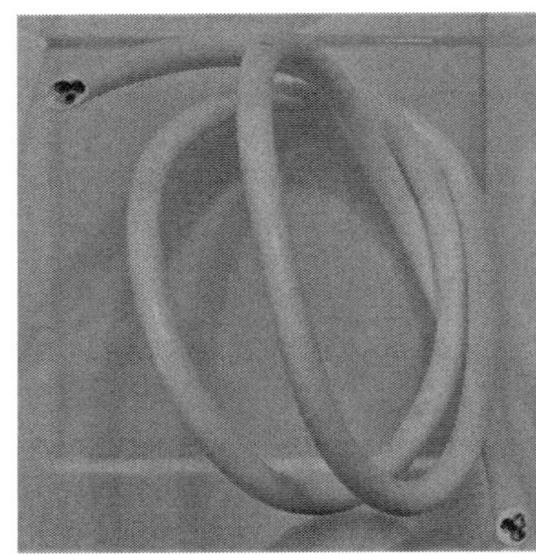

Aufgabe Nr. 22

(A) : r
(B) : l
(C) : u
(D) : o
(E) : h

Aufgabe Nr. 23

(A) : r
(A) : l
(B) : u
(C) : o
(D) : h

Aufgabe Nr. 24

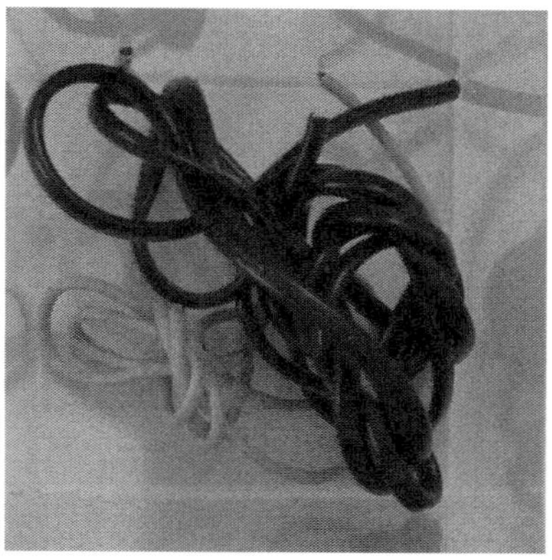

(A) : r
(B) : l
(A) : u
(B) : o
(C) : h

Aufgabengruppe 3

Jede Aufgabe besteht aus zwei Abbildungen eines durchsichtigen Würfels samt Inhalt. Die erste Abbildung (links) zeigt den Würfel stets von vorne. Sie sollen herausfinden, aus welcher Perspektive (rechts: r, links: l, unten: u, oben: o, hinten: h) der Würfel im zweiten Bild gezeigt wird. (15 min.)

Aufgabe Nr. 1

(C) : r
(D) : l
(D) : u
(E) : o
(F) : h

Aufgabe Nr. 2

(A) : r
(B) : l
(C) : u
(D) : o
(E) : h

Aufgabe Nr. 3

(A) : r
(B) : l
(C) : u
(D) : o
(E) : h

Aufgabe Nr. 4

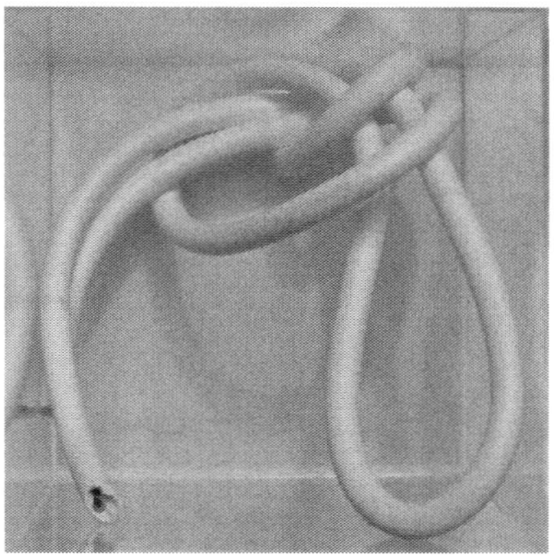

(A) : r
(B) : l
(C) : u
(D) : o
(E) : h

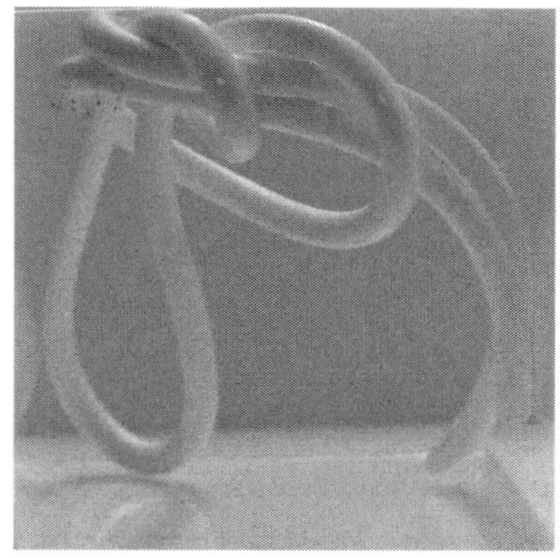

Aufgabe Nr. 5

(A) : r
(B) : l
(C) : u
(D) : o
(E) : h

Aufgabe Nr. 6

(A) : r
(B) : l
(C) : u
(D) : o
(E) : h

Aufgabe Nr. 7

(A) : r
(B) : l
(C) : u
(D) : o
(E) : h

Aufgabe Nr. 8

(A) : r
(B) : l
(C) : u
(D) : o
(E) : h

Aufgabe Nr. 9

(A) : r
(B) : l
(C) : u
(D) : o
(E) : h

Aufgabe Nr. 10

(A) : r
(B) : l
(C) : u
(D) : o
(E) : h

Aufgabe Nr. 11

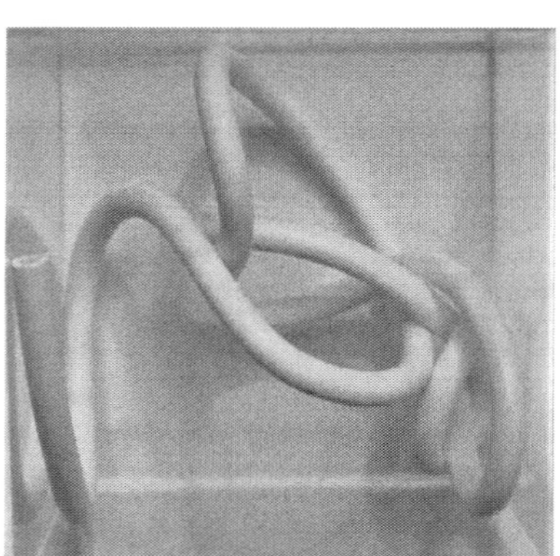

(A) : r
(B) : l
(C) : u
(D) : o
(E) : h

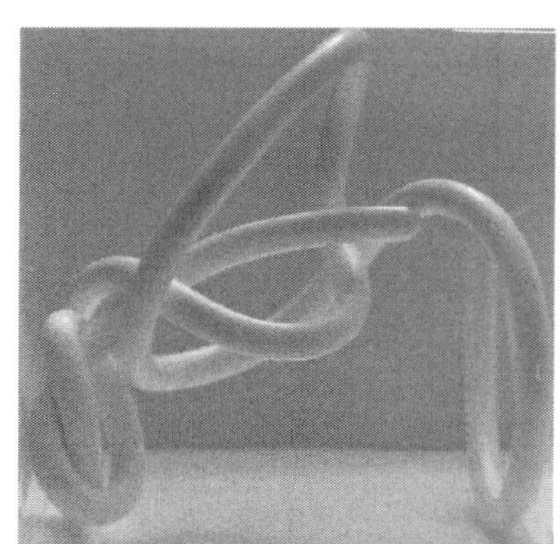

Aufgabe Nr. 12

(A) : r
(B) : l
(C) : u
(D) : o
(E) : h

Aufgabe Nr. 13

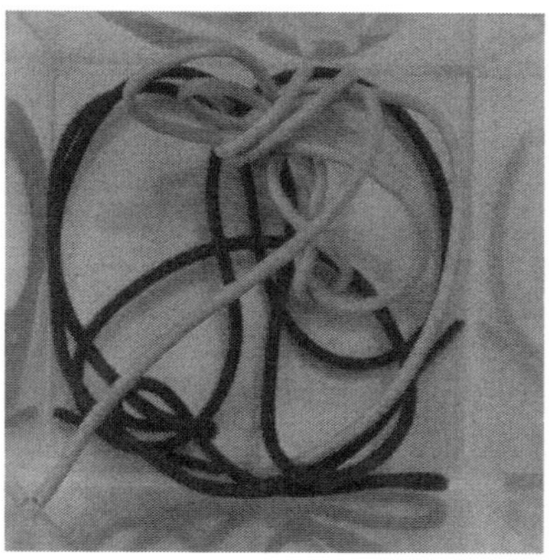

(A) : r
(B) : l
(C) : u
(D) : o
(E) : h

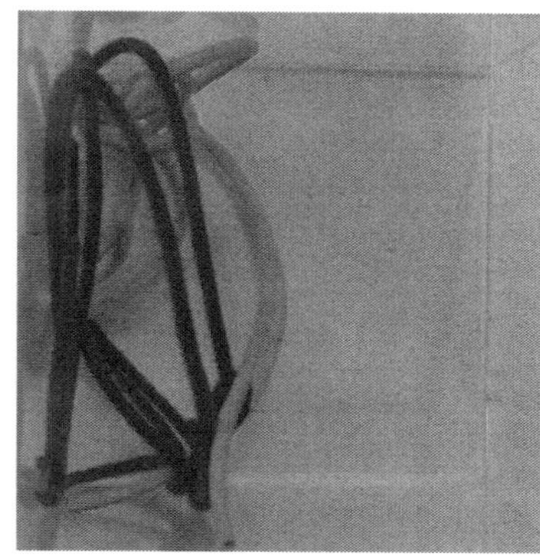

Aufgabe Nr. 14

(A) : r
(B) : l
(C) : u
(D) : o
(E) : h

Aufgabe Nr. 15

(A) : r
(B) : l
(C) : u
(D) : o
(E) : h

Aufgabe Nr. 16

(A) : r
(B) : l
(C) : u
(D) : o
(E) : h

Aufgabe Nr. 17

(A) : r
(B) : l
(C) : u
(D) : o
(E) : h

Aufgabe Nr. 18

(A) : r
(B) : l
(C) : u
(D) : o
(E) : h

Aufgabe Nr. 19

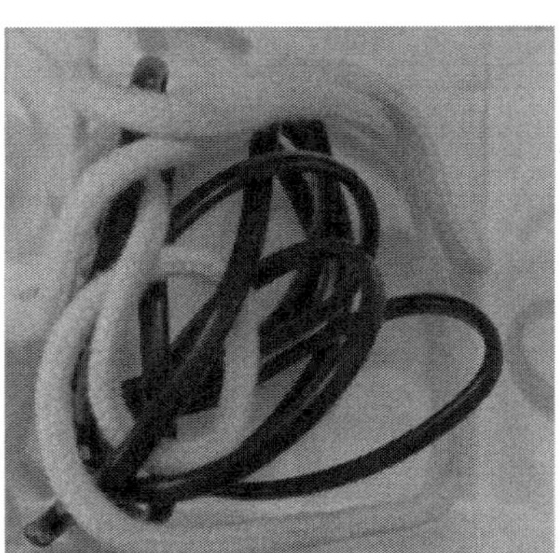

(A) : r
(B) : l
(C) : u
(D) : o
(E) : h

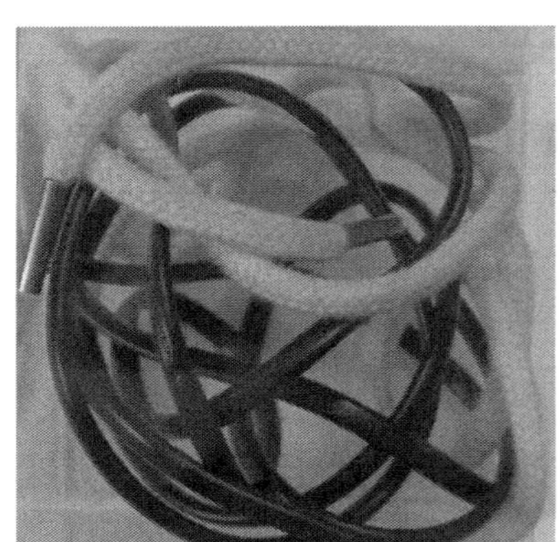

Aufgabe Nr. 20

(A) : r
(B) : l
(C) : u
(D) : o
(E) : h

Aufgabe Nr. 21

(A) : r
(B) : l
(C) : u
(D) : o
(E) : h

Aufgabe Nr. 22

(A) : r
(B) : l
(C) : u
(D) : o
(E) : h

Aufgabe Nr. 23

(A) : r
(B) : l
(C) : u
(D) : o
(E) : h

Aufgabe Nr. 24

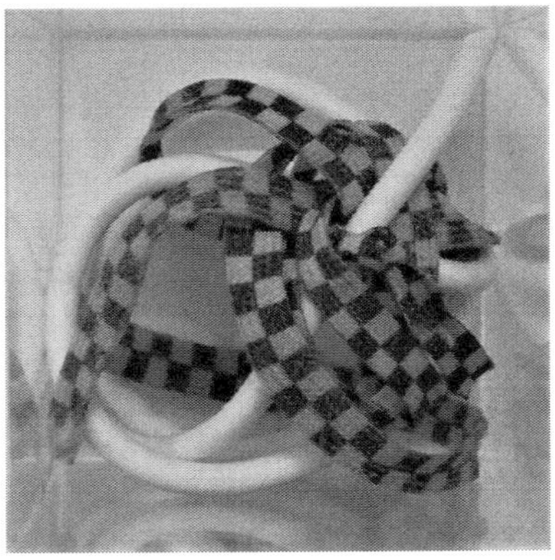

(A) : r
(B) : l
(C) : u
(D) : o
(E) : h

Aufgabengruppe 4

Jede Aufgabe besteht aus zwei Abbildungen eines durchsichtigen Würfels samt Inhalt. Die erste Abbildung (links) zeigt den Würfel stets von vorne. Sie sollen herausfinden, aus welcher Perspektive (rechts: r, links: l, unten: u, oben: o, hinten: h) der Würfel im zweiten Bild gezeigt wird. (15 min.)

Aufgabe Nr. 1

(A) : r
(B) : l
(C) : u
(D) : o
(E) : h

Aufgabe Nr. 2

(A) : r
(B) : l
(C) : u
(D) : o
(E) : h

Aufgabe Nr. 3

(A) : r
(B) : l
(C) : u
(D) : o
(E) : h

Aufgabe Nr. 4

(A) : r
(B) : l
(C) : u
(D) : o
(E) : h

Aufgabe Nr. 5

(A) : r
(B) : l
(C) : u
(D) : o
(E) : h

Aufgabe Nr. 6

(A) : r
(B) : l
(C) : u
(D) : o
(E) : h

Aufgabe Nr. 7

(A) : r
(B) : l
(C) : u
(D) : o
(E) : h

Aufgabe Nr. 8

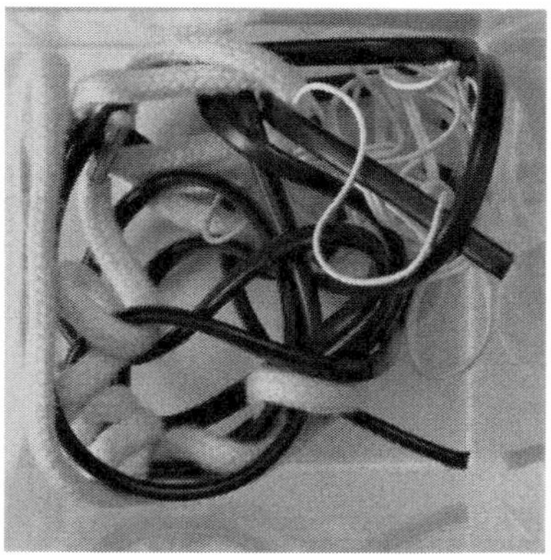

(A) : r
(B) : l
(C) : u
(D) : o
(E) : h

Aufgabe Nr. 9

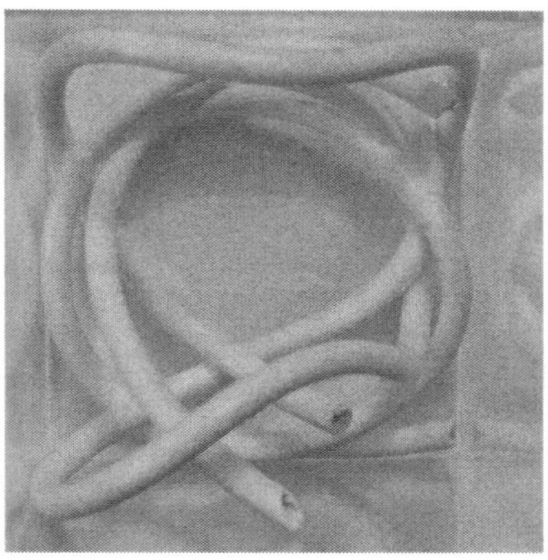

(A) : r
(B) : l
(C) : u
(D) : o
(E) : h

Aufgabe Nr. 10

(A) : r
(B) : l
(C) : u
(D) : o
(E) : h

Aufgabe Nr. 11

(A) : r
(B) : l
(C) : u
(D) : o
(E) : h

Aufgabe Nr. 12

(A) : r
(B) : l
(C) : u
(D) : o
(E) : h

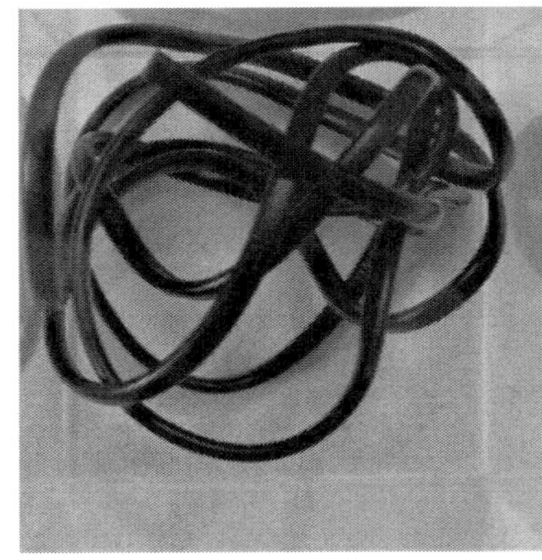

Aufgabe Nr. 13

(A) : r
(B) : l
(C) : u
(D) : o
(E) : h

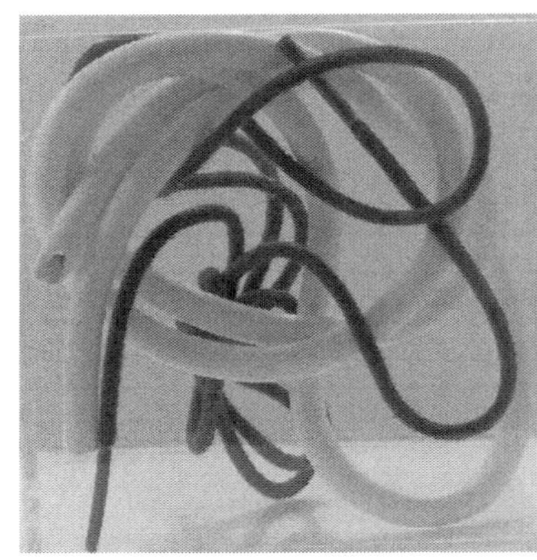

Aufgabe Nr. 14

(A) : r
(B) : l
(C) : u
(D) : o
(E) : h

Aufgabe Nr. 15

(A) : r
(B) : l
(C) : u
(D) : o
(E) : h

Aufgabe Nr. 16

(A) : r
(B) : l
(C) : u
(D) : o
(E) : h

Aufgabe Nr. 17

(A) : r
(B) : l
(C) : u
(D) : o
(E) : h

Aufgabe Nr. 18

(A) : r
(B) : l
(C) : u
(D) : o
(E) : h

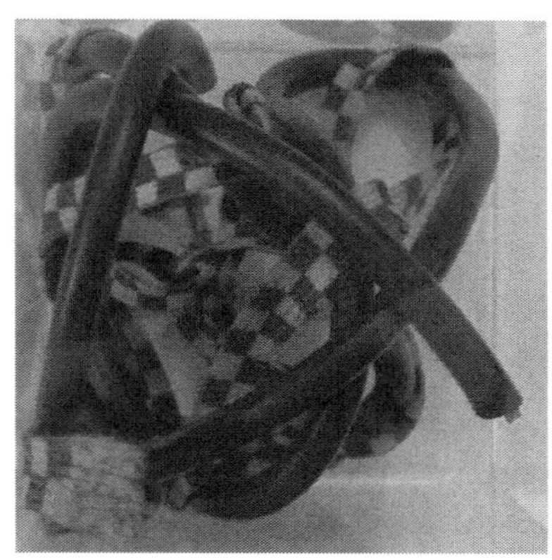

Aufgabe Nr. 19

(A) : r
(B) : l
(C) : u
(D) : o
(E) : h

Aufgabe Nr. 20

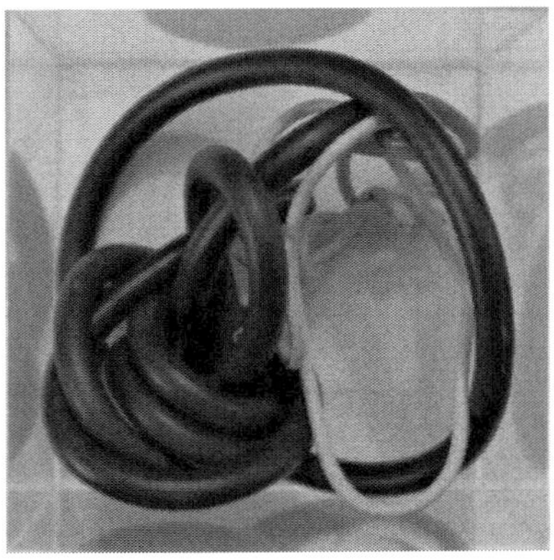

(A) : r
(B) : l
(C) : u
(D) : o
(E) : h

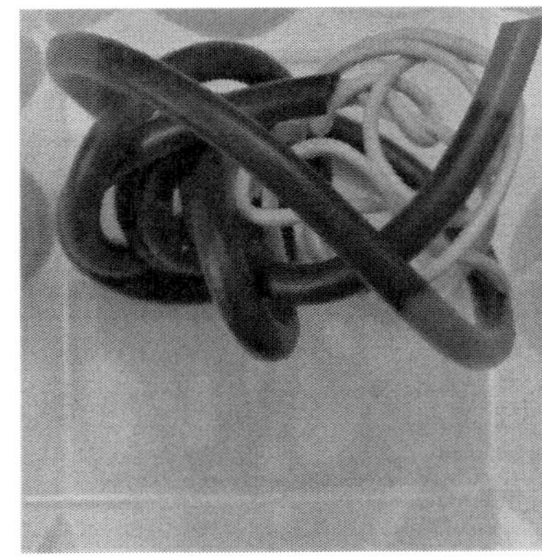

Aufgabe Nr. 21

(A) : r
(B) : l
(C) : u
(D) : o
(E) : h

Aufgabe Nr. 22

(A) : r
(B) : l
(C) : u
(D) : o
(E) : h

Aufgabe Nr. 23

(A) : r
(B) : l
(C) : u
(D) : o
(E) : h

Aufgabe Nr. 24

(A) : r
(B) : l
(C) : u
(D) : o
(E) : h

Aufgabengruppe 5

Jede Aufgabe besteht aus zwei Abbildungen eines durchsichtigen Würfels samt Inhalt. Die erste Abbildung (links) zeigt den Würfel stets von vorne. Sie sollen herausfinden, aus welcher Perspektive (rechts: r, links: l, unten: u, oben: o, hinten: h) der Würfel im zweiten Bild gezeigt wird. (15 min.)

Aufgabe Nr. 1

(A) : r
(B) : l
(C) : u
(D) : o
(E) : h

Aufgabe Nr. 2

(A) : r
(B) : l
(C) : u
(D) : o
(E) : h

Aufgabe Nr. 3

(A) : r
(B) : l
(C) : u
(D) : o
(E) : h

Aufgabe Nr. 4

(A) : r
(B) : l
(C) : u
(D) : o
(E) : h

Aufgabe Nr. 5

(A) : r
(B) : l
(C) : u
(D) : o
(E) : h

Aufgabe Nr. 6

(A) : r
(B) : l
(C) : u
(D) : o
(E) : h

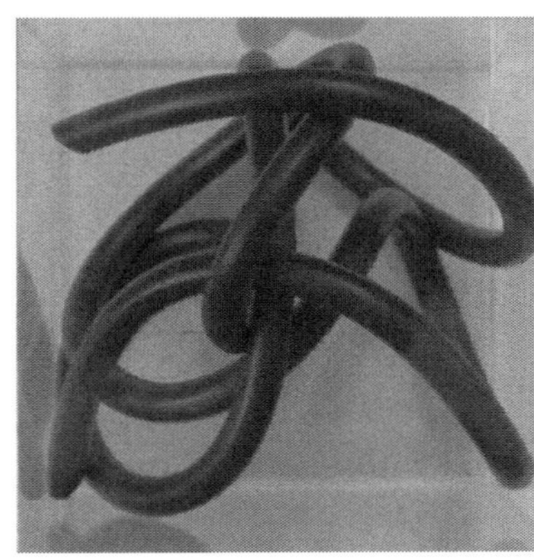

Aufgabe Nr. 7

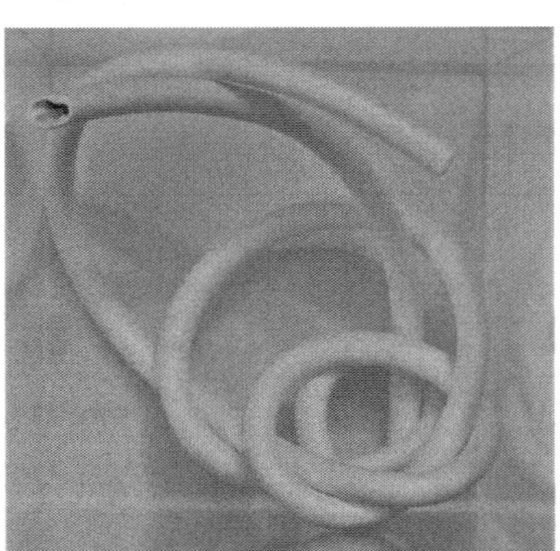

(A) : r
(B) : l
(C) : u
(D) : o
(E) : h

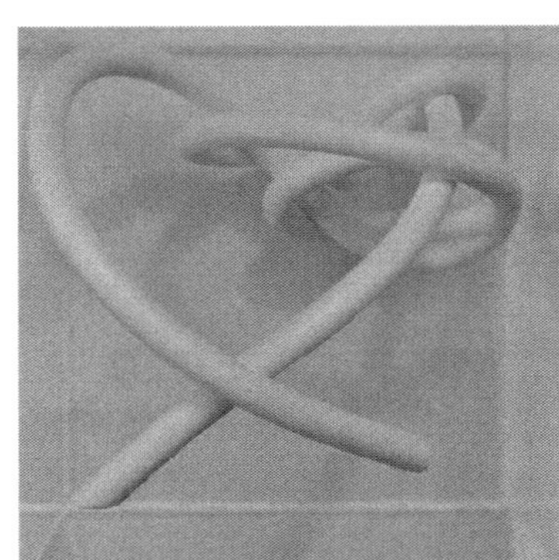

Aufgabe Nr. 8

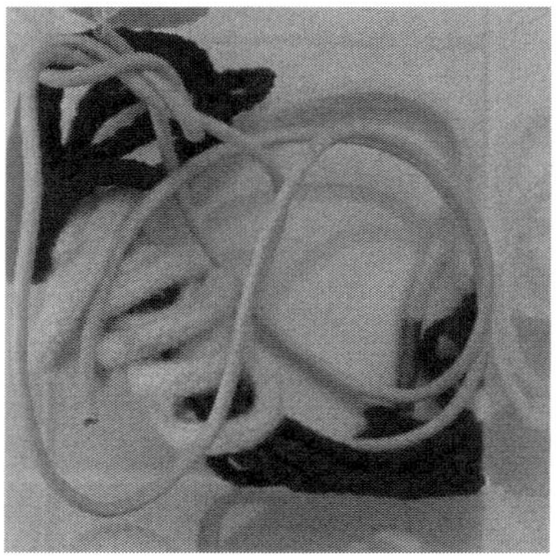

(A) : r
(B) : l
(C) : u
(D) : o
(E) : h

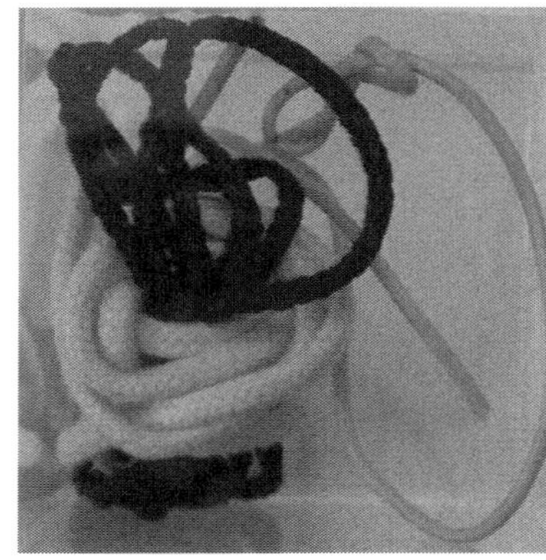

Aufgabe Nr. 9

(A) : r
(B) : l
(C) : u
(D) : o
(E) : h

Aufgabe Nr. 10

(A) : r
(B) : l
(C) : u
(D) : o
(E) : h

Aufgabe Nr. 11

(A) : r
(B) : l
(C) : u
(D) : o
(E) : h

Aufgabe Nr. 12

(A) : r
(B) : l
(C) : u
(D) : o
(E) : h

Aufgabe Nr. 13

(A) : r
(B) : l
(C) : u
(D) : o
(E) : h

Aufgabe Nr. 14

(A) : r
(B) : l
(C) : u
(D) : o
(E) : h

Aufgabe Nr. 15

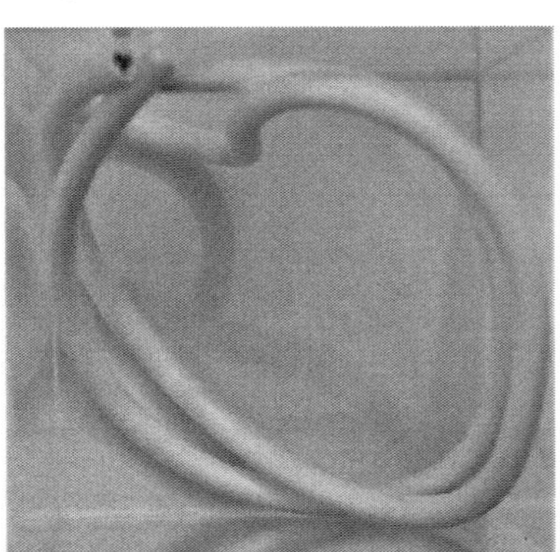

(A) : r
(B) : l
(C) : u
(D) : o
(E) : h

Aufgabe Nr. 16

(A) : r
(B) : l
(C) : u
(D) : o
(E) : h

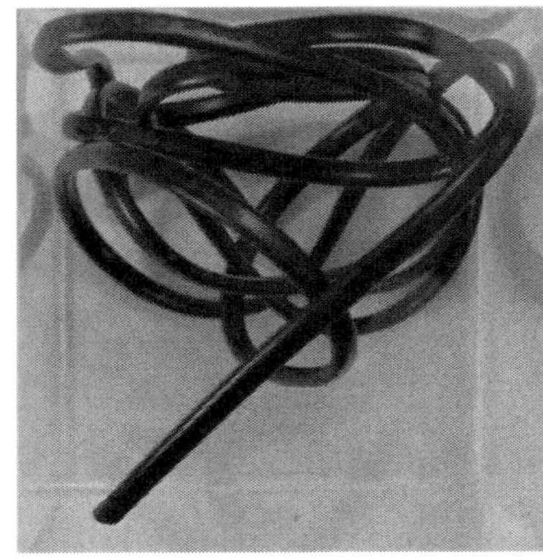

Aufgabe Nr. 17

(A) : r
(B) : l
(C) : u
(D) : o
(E) : h

Aufgabe Nr. 18

(A) : r
(B) : l
(C) : u
(D) : o
(E) : h

Aufgabe Nr. 19

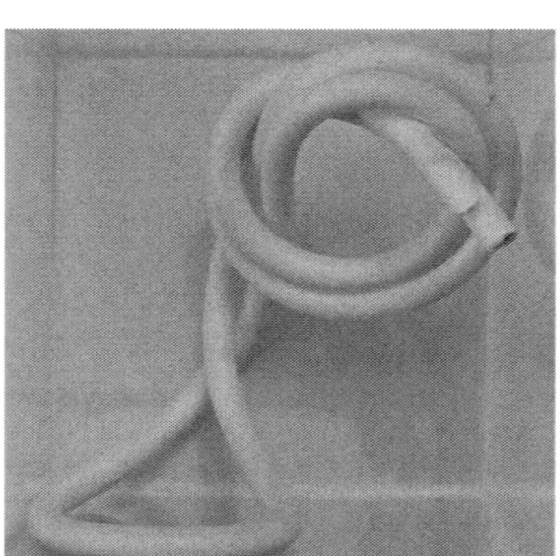

(A) : r
(B) : l
(C) : u
(D) : o
(E) : h

Aufgabe Nr. 20

(A) : r
(B) : l
(C) : u
(D) : o
(E) : h

Aufgabe Nr. 21

(A) : r
(B) : l
(C) : u
(D) : o
(E) : h

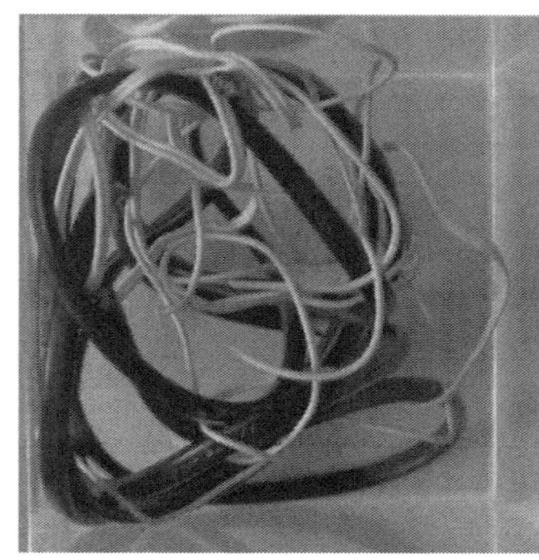

Aufgabe Nr. 22

(A) : r
(B) : l
(C) : u
(D) : o
(E) : h

Aufgabe Nr. 23

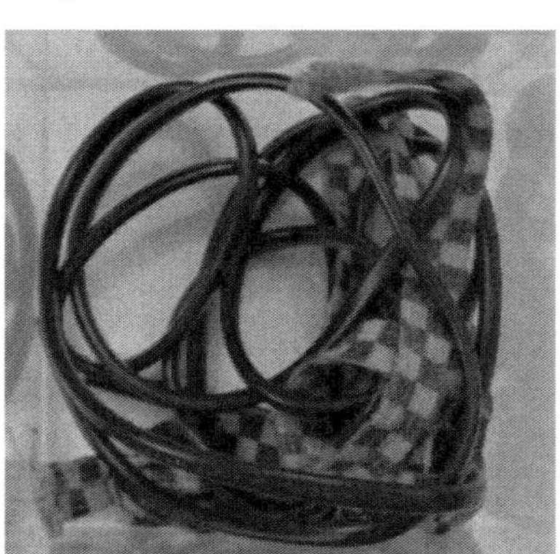

(A) : r
(B) : l
(C) : u
(D) : o
(E) : h

Aufgabe Nr. 24

(A) : r
(B) : l
(C) : u
(D) : o
(E) : h

Aufgabengruppe 6

Jede Aufgabe besteht aus zwei Abbildungen eines durchsichtigen Würfels samt Inhalt. Die erste Abbildung (links) zeigt den Würfel stets von vorne. Sie sollen herausfinden, aus welcher Perspektive (rechts: r, links: l, unten: u, oben: o, hinten: h) der Würfel im zweiten Bild gezeigt wird. (15 min.)

Aufgabe Nr. 1

(A) : r
(B) : l
(C) : u
(D) : o
(E) : h

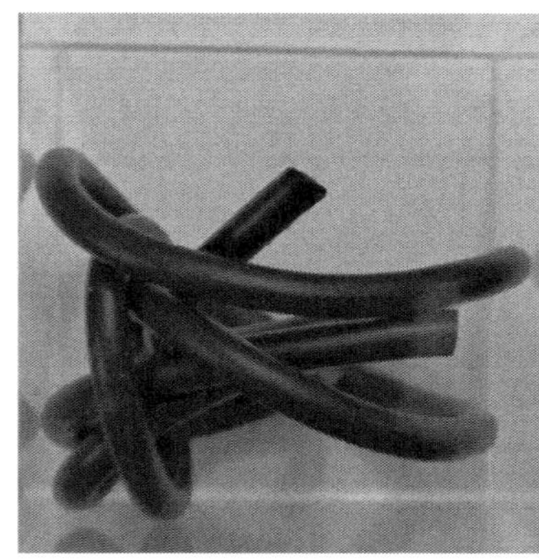

Aufgabe Nr. 2

(A) : r
(B) : l
(C) : u
(D) : o
(E) : h

Aufgabe Nr. 3

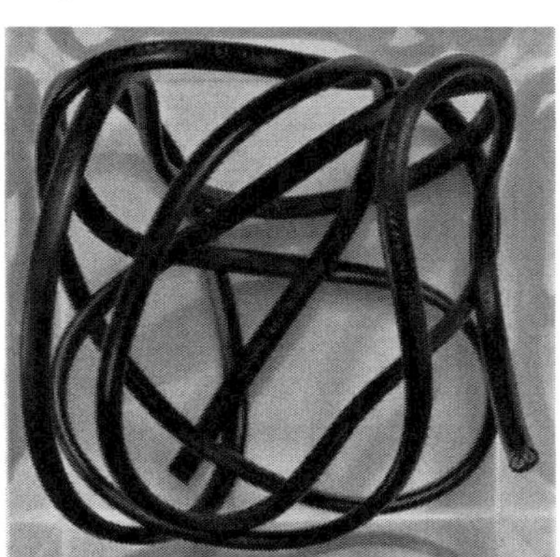

(A) : r
(B) : l
(C) : u
(D) : o
(E) : h

Aufgabe Nr. 4

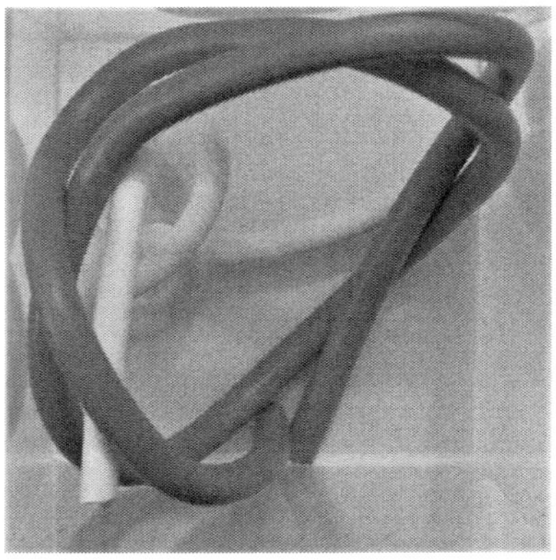

(A) : r
(B) : l
(C) : u
(D) : o
(E) : h

Aufgabe Nr. 5

(A) : r
(B) : l
(C) : u
(D) : o
(E) : h

Aufgabe Nr. 6

(A) : r
(B) : l
(C) : u
(D) : o
(E) : h

Aufgabe Nr. 7

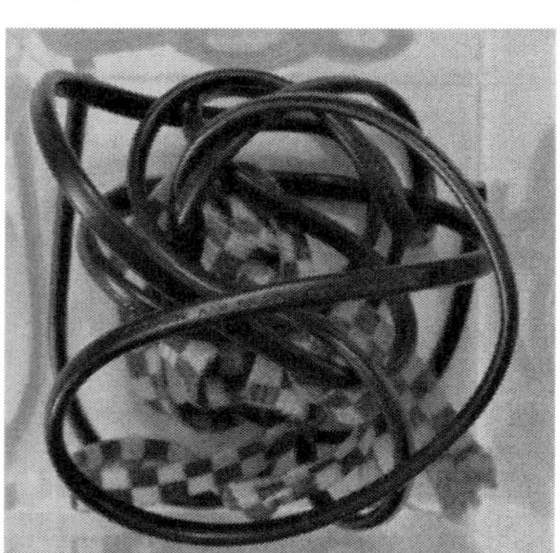

(A) : r
(B) : l
(C) : u
(D) : o
(E) : h

Aufgabe Nr. 8

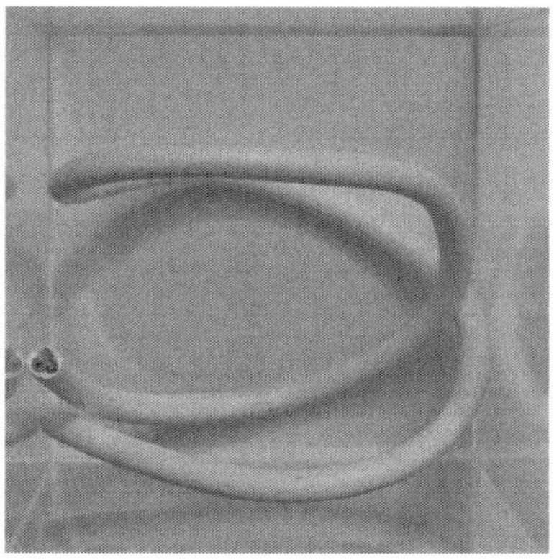

(A) : r
(B) : l
(C) : u
(D) : o
(E) : h

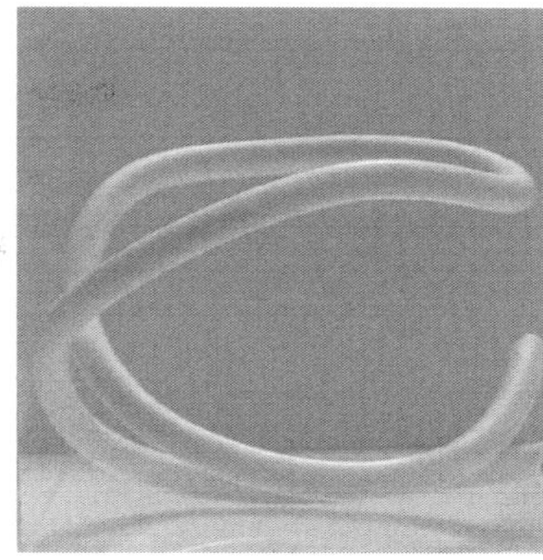

Aufgabe Nr. 9

(A) : r
(B) : l
(C) : u
(D) : o
(E) : h

Aufgabe Nr. 10

(A) : r
(B) : l
(C) : u
(D) : o
(E) : h

Aufgabe Nr. 11

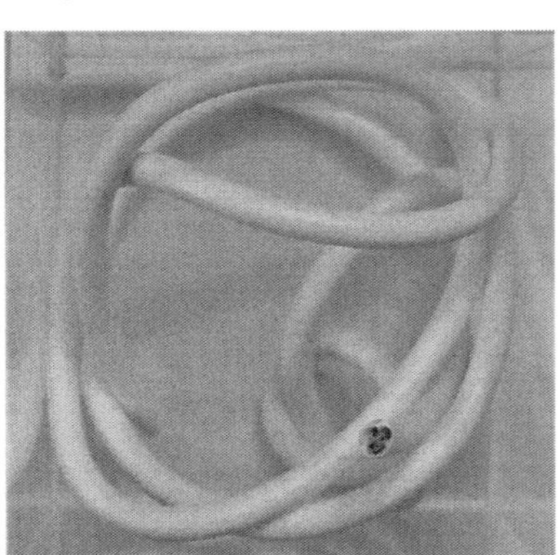

(A) : r
(B) : l
(C) : u
(D) : o
(E) : h

Aufgabe Nr. 12

(A) : r
(B) : l
(C) : u
(D) : o
(E) : h

Aufgabe Nr. 13

(A) : r
(B) : l
(C) : u
(D) : o
(E) : h

Aufgabe Nr. 14

(A) : r
(B) : l
(C) : u
(D) : o
(E) : h

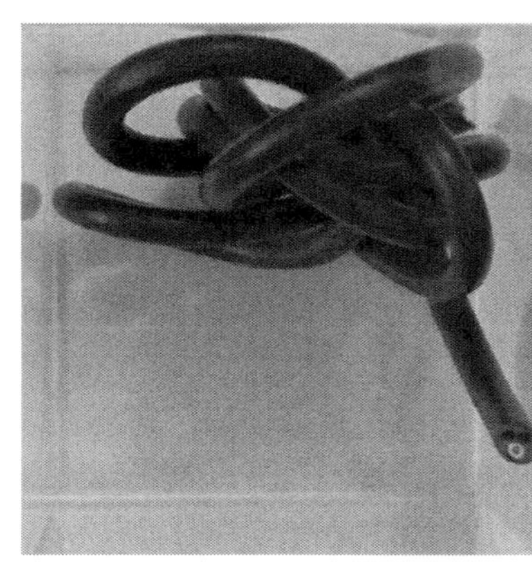

Aufgabe Nr. 15

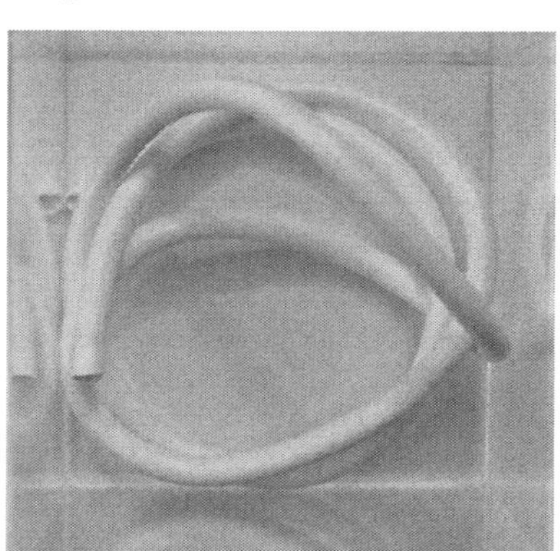

(A) : r
(B) : l
(C) : u
(D) : o
(E) : h

Aufgabe Nr. 16

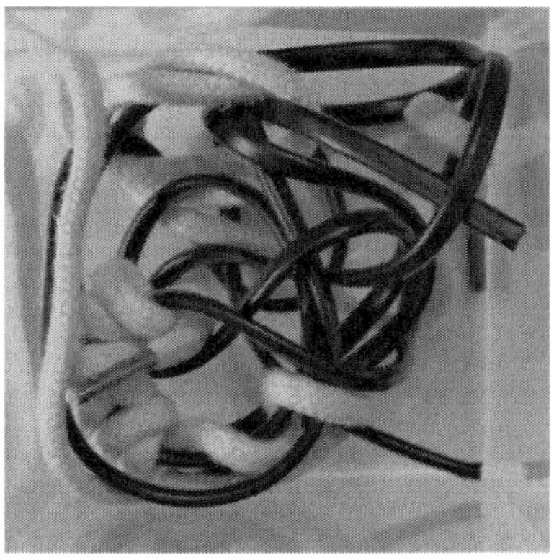

(A) : r
(B) : l
(C) : u
(D) : o
(E) : h

Aufgabe Nr. 17

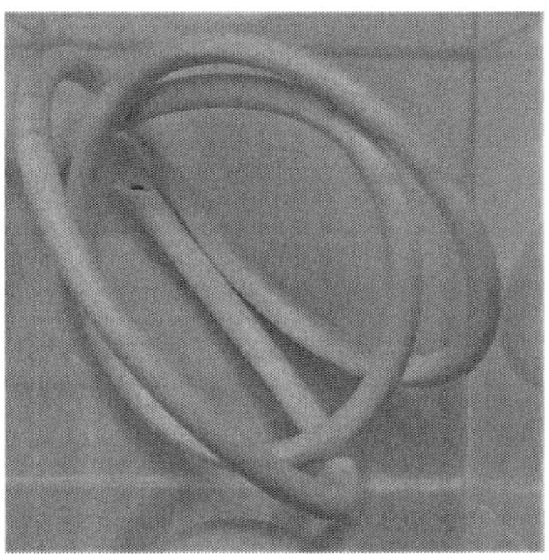

(A) : r
(B) : l
(C) : u
(D) : o
(E) : h

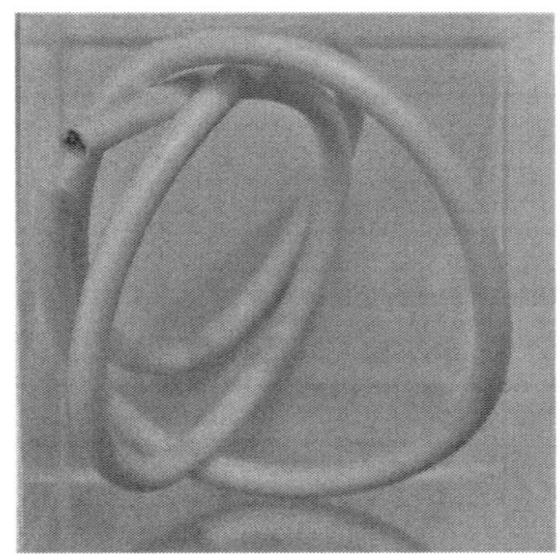

Aufgabe Nr. 18

(A) : r
(B) : l
(C) : u
(D) : o
(E) : h

Aufgabe Nr. 19

(A) : r
(B) : l
(C) : u
(D) : o
(E) : h

Aufgabe Nr. 20

(A) : r
(B) : l
(C) : u
(D) : o
(E) : h

Aufgabe Nr. 21

(A) : r
(B) : l
(C) : u
(D) : o
(E) : h

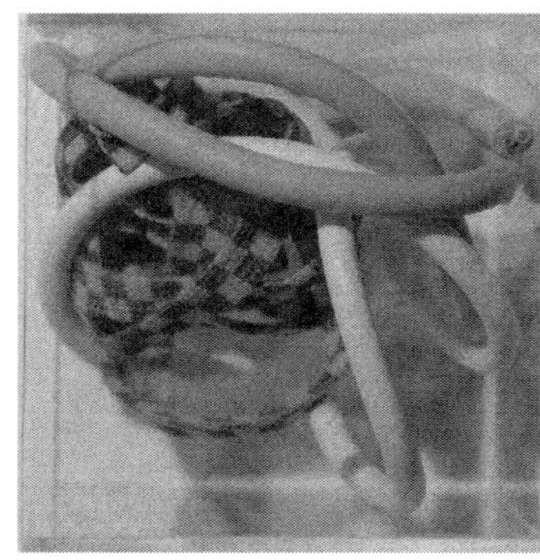

Aufgabe Nr. 22

(A) : r
(B) : l
(C) : u
(D) : o
(E) : h

Aufgabe Nr. 23

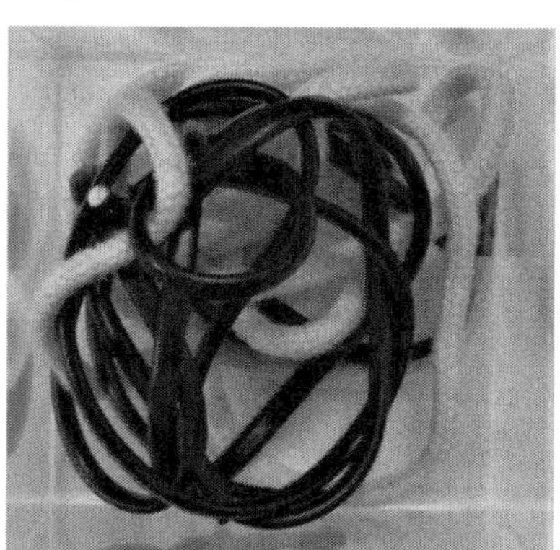

(A) : r
(B) : l
(C) : u
(D) : o
(E) : h

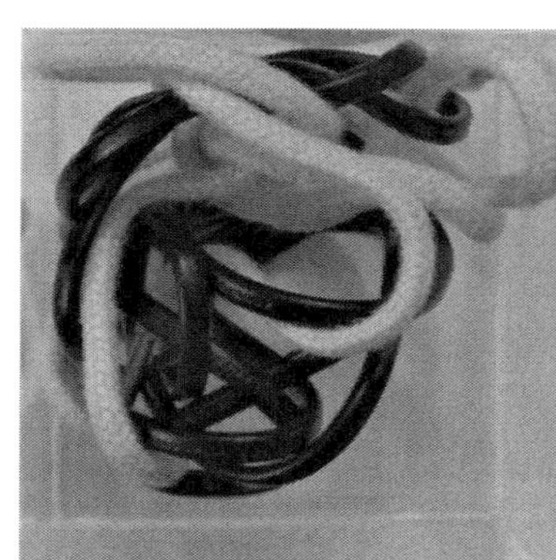

Aufgabe Nr. 24

(A) : r
(B) : l
(C) : u
(D) : o
(E) : h

Aufgabengruppe 7

Jede Aufgabe besteht aus zwei Abbildungen eines durchsichtigen Würfels samt Inhalt. Die erste Abbildung (links) zeigt den Würfel stets von vorne. Sie sollen herausfinden, aus welcher Perspektive (rechts: r, links: l, unten: u, oben: o, hinten: h) der Würfel im zweiten Bild gezeigt wird. (15 min.)

Aufgabe Nr. 1

(A) : r
(B) : l
(C) : u
(D) : o
(E) : h

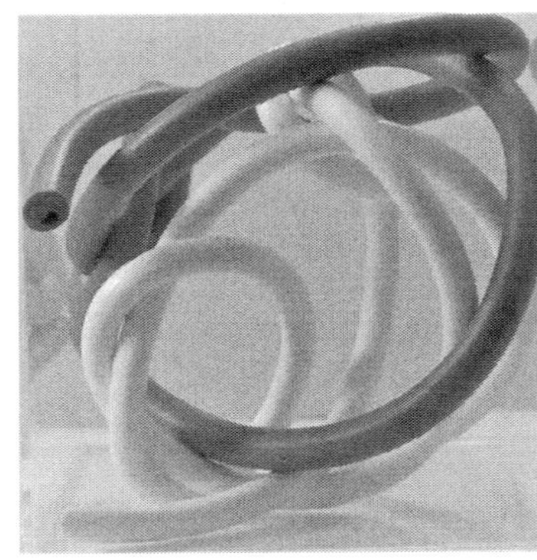

Aufgabe Nr. 2

(A) : r
(B) : l
(C) : u
(D) : o
(E) : h

Aufgabe Nr. 3

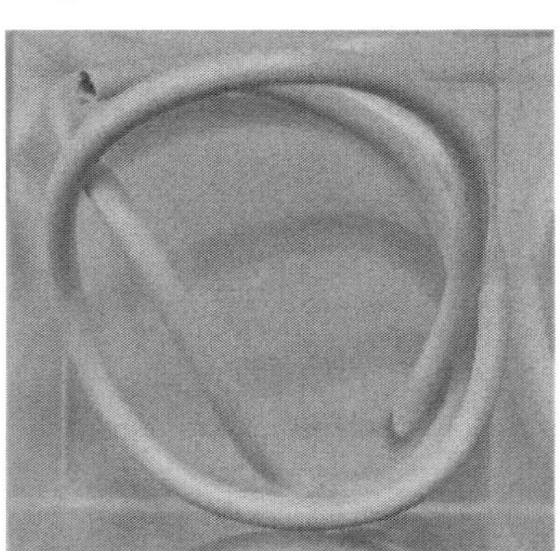

(A) : r
(B) : l
(C) : u
(D) : o
(E) : h

Aufgabe Nr. 4

(A) : r
(B) : l
(C) : u
(D) : o
(E) : h

Aufgabe Nr. 5

(A) : r
(B) : l
(C) : u
(D) : o
(E) : h

Aufgabe Nr. 6

(A) : r
(B) : l
(C) : u
(D) : o
(E) : h

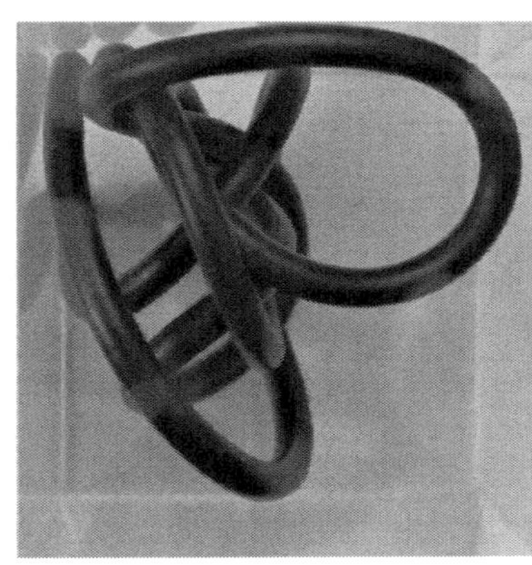

Aufgabe Nr. 7

(A) : r
(B) : l
(C) : u
(D) : o
(E) : h

Aufgabe Nr. 8

(A) : r
(B) : l
(C) : u
(D) : o
(E) : h

Aufgabe Nr. 9

(A) : r
(B) : l
(C) : u
(D) : o
(E) : h

Aufgabe Nr. 10

(A) : r
(B) : l
(C) : u
(D) : o
(E) : h

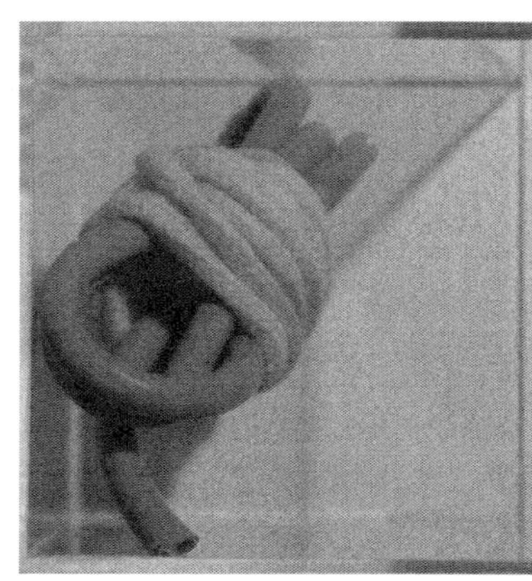

Aufgabe Nr. 11

(A) : r
(B) : l
(C) : u
(D) : o
(E) : h

Aufgabe Nr. 12

(A) : r
(B) : l
(C) : u
(D) : o
(E) : h

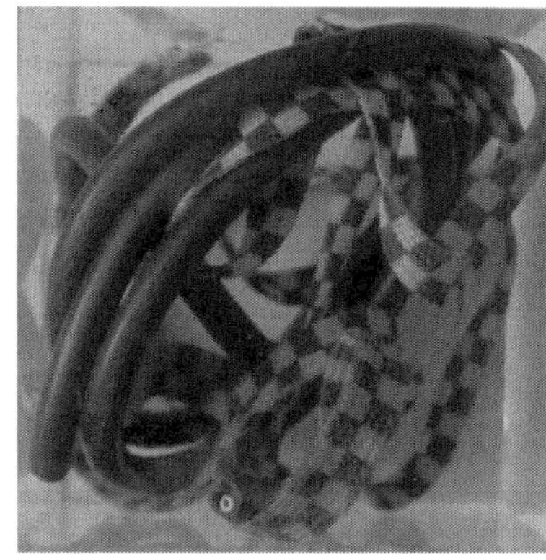

Aufgabe Nr. 13

(A) : r
(B) : l
(C) : u
(D) : o
(E) : h

Aufgabe Nr. 14

(A) : r
(B) : l
(C) : u
(D) : o
(E) : h

Aufgabe Nr. 15

(A) : r
(B) : l
(C) : u
(D) : o
(E) : h

Aufgabe Nr. 16

(A) : r
(B) : l
(C) : u
(D) : o
(E) : h

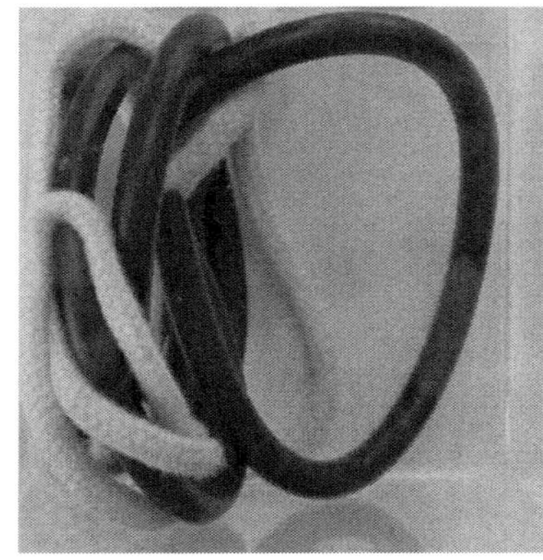

Aufgabe Nr. 17

(A) : r
(B) : l
(C) : u
(D) : o
(E) : h

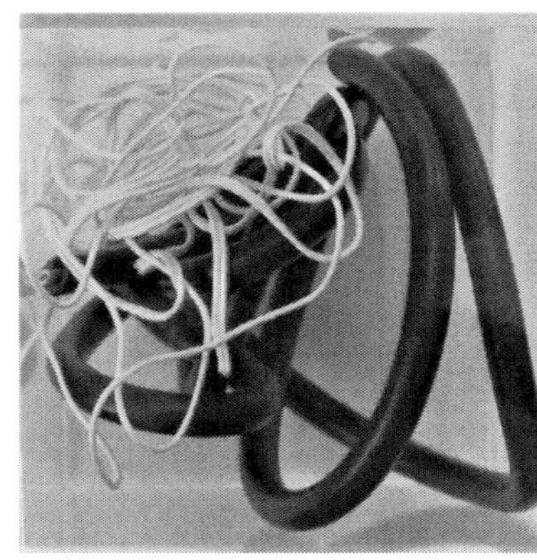

Aufgabe Nr. 18

(A) : r
(B) : l
(C) : u
(D) : o
(E) : h

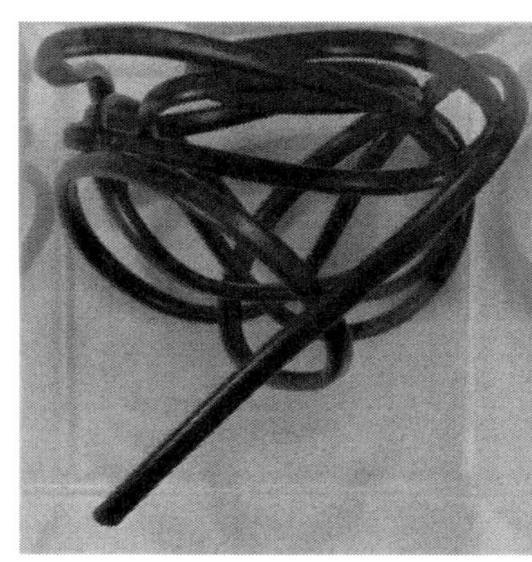

Aufgabe Nr. 19

(A) : r
(B) : l
(C) : u
(D) : o
(E) : h

Aufgabe Nr. 20

(A) : r
(B) : l
(C) : u
(D) : o
(E) : h

Aufgabe Nr. 21

(A) : r
(B) : l
(C) : u
(D) : o
(E) : h

Aufgabe Nr. 22

(A) : r
(B) : l
(C) : u
(D) : o
(E) : h

Aufgabe Nr. 23

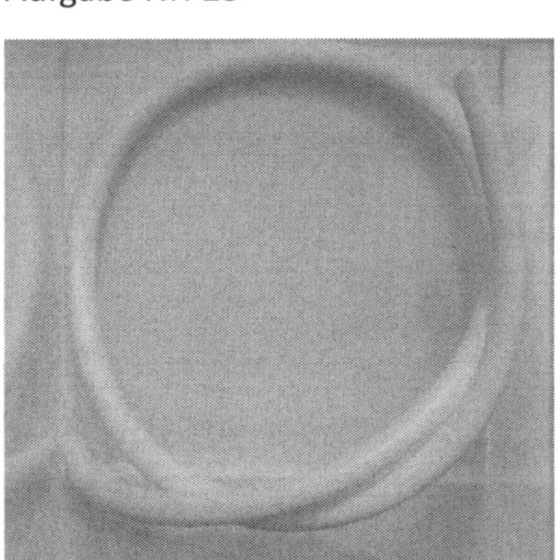

(A) : r
(B) : l
(C) : u
(D) : o
(E) : h

Aufgabe Nr. 24

(A) : r
(B) : l
(C) : u
(D) : o
(E) : h

Aufgabengruppe 8

Jede Aufgabe besteht aus zwei Abbildungen eines durchsichtigen Würfels samt Inhalt. Die erste Abbildung (links) zeigt den Würfel stets von vorne. Sie sollen herausfinden, aus welcher Perspektive (rechts: r, links: l, unten: u, oben: o, hinten: h) der Würfel im zweiten Bild gezeigt wird. (15 min.)

Aufgabe Nr. 1

(A) : r
(B) : l
(C) : u
(D) : o
(E) : h

Aufgabe Nr. 2

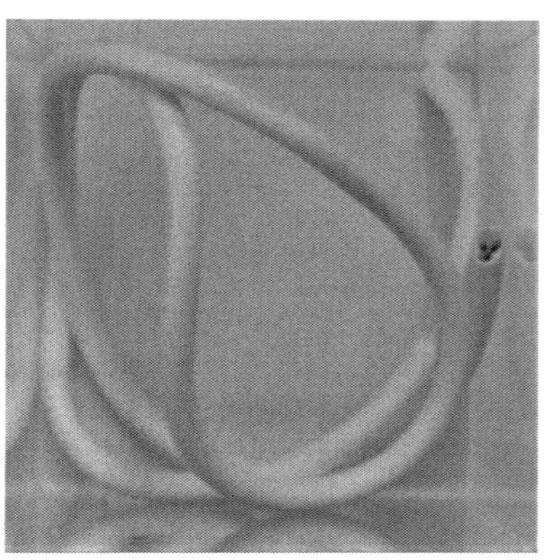

(A) : r
(B) : l
(C) : u
(D) : o
(E) : h

Aufgabe Nr. 3

(A) : r
(B) : l
(C) : u
(D) : o
(E) : h

Aufgabe Nr. 4

(A) : r
(B) : l
(C) : u
(D) : o
(E) : h

Aufgabe Nr. 5

(A) : r
(B) : l
(C) : u
(D) : o
(E) : h

Aufgabe Nr. 6

(A) : r
(B) : l
(C) : u
(D) : o
(E) : h

Aufgabe Nr. 7

(A) : r
(B) : l
(C) : u
(D) : o
(E) : h

Aufgabe Nr. 8

(A) : r
(B) : l
(C) : u
(D) : o
(E) : h

Aufgabe Nr. 9

(A) : r
(B) : l
(C) : u
(D) : o
(E) : h

Aufgabe Nr. 10

(A) : r
(A) : l
(B) : u
(C) : o
(D) : h

Aufgabe Nr. 11

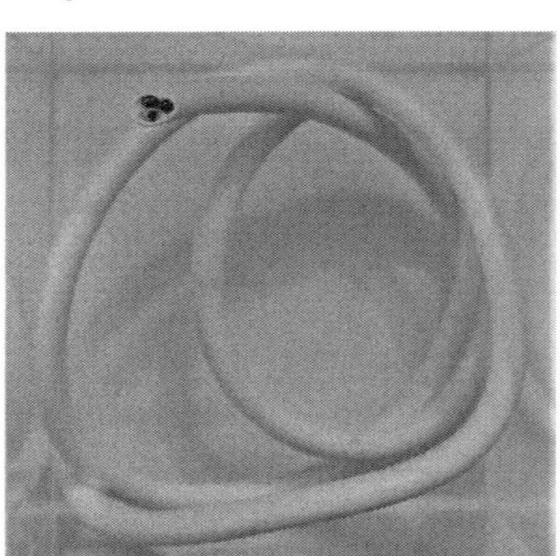

(A) : r
(B) : l
(C) : u
(D) : o
(E) : h

Aufgabe Nr. 12

(A) : r
(B) : l
(C) : u
(D) : o
(E) : h

Aufgabe Nr. 13

(A) : r
(B) : l
(C) : u
(D) : o
(E) : h

Aufgabe Nr. 14

(A) : r
(B) : l
(C) : u
(D) : o
(E) : h

Aufgabe Nr. 15

(A) : r
(B) : l
(C) : u
(D) : o
(E) : h

Aufgabe Nr. 16

(A) : r
(B) : l
(C) : u
(D) : o
(E) : h

Aufgabe Nr. 17

(A) : r
(B) : l
(C) : u
(D) : o
(E) : h

Aufgabe Nr. 18

(A) : r
(B) : l
(C) : u
(D) : o
(E) : h

Aufgabe Nr. 19

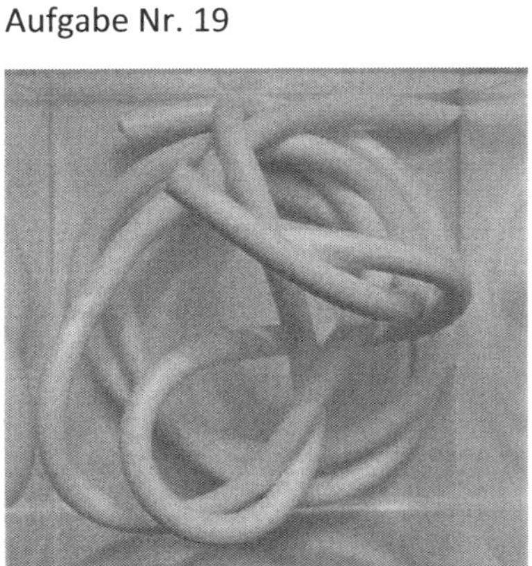

(A) : r
(B) : l
(C) : u
(D) : o
(E) : h

Aufgabe Nr. 20

(A) : r
(B) : l
(C) : u
(D) : o
(E) : h

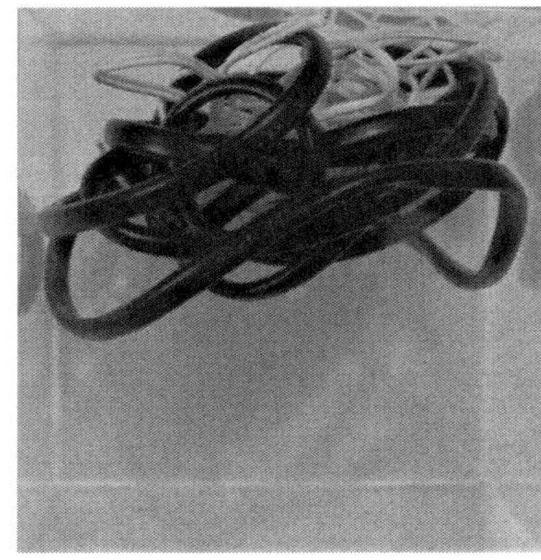

Aufgabe Nr. 21

(A) : r
(B) : l
(C) : u
(D) : o
(E) : h

Aufgabe Nr. 22

(A) : r
(B) : l
(C) : u
(D) : o
(E) : h

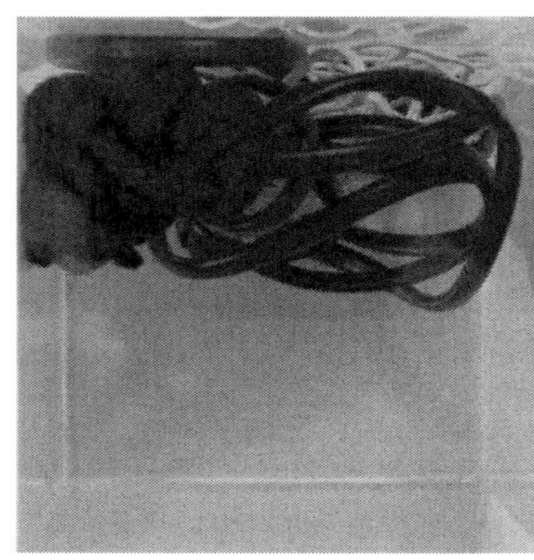

Aufgabe Nr. 23

(A) : r
(B) : l
(C) : u
(D) : o
(E) : h

Aufgabe Nr. 24

(A) : r
(B) : l
(C) : u
(D) : o
(E) : h

Lösungen

Aufgabengruppe 1:

Aufgabe	Lösung	Aufgabe	Lösung	Aufgabe	Lösung
1	B	**9**	A	**17**	D
2	C	**10**	B	**18**	D
3	D	**11**	E	**19**	C
4	B	**12**	C	**20**	E
5	A	**13**	C	**21**	E
6	D	**14**	B	**22**	B
7	E	**15**	B	**23**	D
8	C	**16**	A	**24**	A

Aufgabengruppe 2:

Aufgabe	Lösung	Aufgabe	Lösung	Aufgabe	Lösung
1	E	**9**	B	**17**	A
2	C	**10**	E	**18**	A
3	A	**11**	A	**19**	C
4	D	**12**	A	**20**	A
5	B	**13**	E	**21**	A
6	D	**14**	B	**22**	C
7	A	**15**	C	**23**	E
8	D	**16**	D	**24**	B

Aufgabengruppe 3:

Aufgabe	Lösung	Aufgabe	Lösung	Aufgabe	Lösung
1	D	**9**	D	**17**	E
2	A	**10**	D	**18**	A
3	C	**11**	E	**19**	B
4	E	**12**	C	**20**	C
5	B	**13**	B	**21**	A
6	B	**14**	E	**22**	B
7	C	**15**	D	**23**	E
8	A	**16**	D	**24**	E

Aufgabengruppe 4:

Aufgabe	Lösung	Aufgabe	Lösung	Aufgabe	Lösung
1	D	**9**	E	**17**	B
2	A	**10**	B	**18**	B
3	D	**11**	D	**19**	A
4	E	**12**	D	**20**	D
5	A	**13**	E	**21**	C
6	A	**14**	A	**22**	A
7	A	**15**	C	**23**	B
8	C	**16**	D	**24**	C

Aufgabengruppe 5:

Aufgabe	Lösung	Aufgabe	Lösung	Aufgabe	Lösung
1	D	**9**	E	**17**	E
2	E	**10**	E	**18**	C
3	E	**11**	A	**19**	D
4	D	**12**	D	**20**	A
5	C	**13**	B	**21**	B
6	B	**14**	C	**22**	C
7	D	**15**	A	**23**	D
8	B	**16**	D	**24**	A

Aufgabengruppe 6:

Aufgabe	Lösung	Aufgabe	Lösung	Aufgabe	Lösung
1	C	**9**	B	**17**	B
2	B	**10**	C	**18**	B
3	A	**11**	D	**19**	E
4	C	**12**	A	**20**	E
5	E	**13**	E	**21**	E
6	A	**14**	D	**22**	A
7	D	**15**	E	**23**	D
8	E	**16**	C	**24**	A

Aufgabengruppe 7:

Aufgabe	Lösung	Aufgabe	Lösung	Aufgabe	Lösung
1	E	**9**	D	**17**	B
2	B	**10**	B	**18**	D
3	D	**11**	A	**19**	B
4	C	**12**	B	**20**	D
5	C	**13**	C	**21**	C
6	D	**14**	E	**22**	A
7	E	**15**	D	**23**	E
8	E	**16**	B	**24**	D

Aufgabengruppe 8:

Aufgabe	Lösung	Aufgabe	Lösung	Aufgabe	Lösung
1	C	**9**	C	**17**	B
2	C	**10**	D	**18**	D
3	B	**11**	B	**19**	E
4	C	**12**	C	**20**	D
5	E	**13**	E	**21**	C
6	B	**14**	A	**22**	D
7	A	**15**	B	**23**	E
8	B	**16**	A	**24**	C

Printed in Poland
by Amazon Fulfillment
Poland Sp. z o.o., Wrocław

71945825R00040